PUBLICATIONS
CHRÉTIENNES.

SAINT VINCENT-DE-PAUL

(1660.)

BORDEAUX,

Imprimerie de G.-M. de MOULINS, rue Montméjan, 7.

1850

BUT DES PUBLICATIONS CHRÉTIENNES.

Nous aussi nous voulons prendre part à la propagande des idées. — Mais ce sont les idées qui ont pour base l'AUTORITÉ et la *tradition*, que nous tâcherons de propager.

Tel est notre but, tout en accomplissant la loi du travail, imposée à tout homme, et tout en cherchant à en recueillir les fruits. — Puisse ce peu que nous tentons avoir l'adhésion des gens de bien et nous *attirer leur concours* pour répandre nos petits cahiers, dont chacun se rapportera aux fêtes de l'Église, ou narrera des faits moraux et religieux, ou enfin renfermera des sujets propres à développer l'instruction.

PUBLICATIONS

CHRÉTIENNES

SAINT VINCENT-DE-PAUL

(1660)

Dieu ménage des ministres fidèles à son Église, dans les temps mêmes où l'esprit de foi paraît presque universellement anéanti ; ces hommes privilégiés se préparent à devenir des vases de grâce, par l'exercice de la prière et par le crucifiement des inclinations de la nature corrompue. Une fois bien pénétrés des maximes de Jésus-Christ, ils paraissent dans le monde comme de nouveaux apôtres, et conduisent les autres dans les voies de la piété, où le Saint-Esprit leur sert lui-même de maître et de guide. Saint Vincent de Paul fut un de ces instruments dont la divine Miséricorde se sert pour ranimer la piété sur la terre.

Il naquit, en 1576, dans le village de Poy, au diocèse d'Acqs en Gascogne, vers les Pyrénées. Son père se nommait Guillaume de Paul, et sa mère Bertrande de Moras. Ils faisaient valoir par eux-mêmes une petite ferme qui leur appartenait en propre, et ils tiraient du travail de leurs mains de quoi subsister avec leur famille. Ils avaient six enfants, quatre garçons et deux filles; ils les élevaient dans la piété et dans l'exercice des travaux de la vie champêtre.

Vincent, qui était le troisième fils de Guillaume de Paul, donnait des preuves singulières d'esprit et de capacité. Il avait un maintien grave et un amour pour la prière qui étaient au-dessus de l'âge d'un enfant. Ses premières années se passèrent à garder le troupeau de son père.

Souvent il lui arrivait de se priver d'une partie de son nécessaire pour en assister les pauvres, dans la personne desquels il envisageait Jésus-Christ. C'était là comme autant d'indices de cette ardeur extraordinaire avec laquelle il se mit à chercher Dieu, lorsque sa raison fut entièrement formée. On peut aussi assurer que sa fidélité à correspondre aux grâces qu'il recevait dans son enfance, lui en mérita de nouvelles, et devint le principe de ces bénédictions dont il fut comblé depuis.

Guillaume de Paul, qui voyait en son fils de rares dispositions pour les sciences et la piété, résolut de le faire étudier. Il le mit en pension chez les Cordeliers d'Acqs, qui se chargeaient de l'éducation des jeunes gens. Au bout de quatre années, Vincent fut en état d'instruire les autres. M. de Commet, avocat de la ville d'Acqs et juge de Poy, le fit précepteur de ses enfants ; par là, le jeune Vincent se vit en état de continuer ses études sans être à charge à sa famille. A l'âge de vingt ans, il se rendit à Toulouse, y fit son cours de théologie, et y prit le degré de bachelier. Il reçut le sous-diaconat, ainsi que le diaconat, en 1598, et la prêtrise deux ans après.

Déjà on admirait en lui les vertus qui font un digne ministre de Jésus-Christ, sans qu'il connût cependant encore ce parfait renoncement sur lequel porte tout l'édifice de la sainteté. Il avait appris la théologie et les autres sciences ecclésiastiques ; il s'était pénétré des maximes de l'Évangile par la lecture des livres divins, par celle des vies des Saints et par celle des meilleurs ouvrages de spiritualité ; mais il lui restait encore une science à apprendre, et celle-ci demandait plus qu'une étude et une application ordinaires. Elle consiste dans de vifs sentiments, et dans la connaissance pratique de l'humilité, de la patience, de la douceur et de la charité, et elle ne peut s'acquérir que par le bon usage des épreuves intérieures et extérieures : c'est là ce mystère de la Croix, inconnu à tous ceux que le Saint-Esprit n'a point initiés dans les secrets importants de la conduite qu'il tient, quand il prépare les âmes aux merveilleuses opérations de la grâce. Au dernier jour, la prospérité des méchants paraîtra l'effet du plus redoutable jugement du Seigneur tandis que les afflictions des saints feront exalter ses miséricordes. Ce fut donc par un enchaînement de tribulations que Dieu conduisit

Vincent à ce haut degré de vertus auquel il s'éleva depuis par sa grâce.

En 1605, Vincent fut obligé de faire un voyage à Marseille, pour recevoir un legs de quinze-cents livres que lui avait-fait un de ses amis, mort dans cette ville. Étant sur le point de retourner à Toulouse, il accepta la proposition qu'on lui fit de prendre la voie de la mer jusqu'à Narbonne ; mais le vaisseau qu'il montait fut attaqué par trois brigantins d'Afrique. Comme les Chrétiens refusèrent de se rendre, les Infidèles les chargèrent avec furie, leur tuèrent trois hommes, et blessèrent tout le reste de l'équipage. Vincent reçut un coup de flèche dont il se sentait encore plusieurs années après. La première chose que firent les Mahométans, lorsqu'ils eurent remporté l'avantage, fut de mettre le pilote en pièces, pour se venger de ce qu'il ne s'était pas rendu d'abord, et de ce que, dans le combat, il avait tué un des principaux d'entre eux, ainsi que quatre ou cinq esclaves. Ils enchaînèrent les autres prisonniers, et coururent encore la mer pendant sept ou huit jours. Enfin, chargés de butin, ils firent voile du côté de Tunis. A peine y eurent-ils abordé, qu'ils dressèrent procès-verbal de leur prise, où ils déclaraient faussement que Vincent et ses compagnons avaient été enlevés sur un vaisseau espagnol. Le but qu'ils se proposaient en cela était d'empêcher le Consul français de revendiquer leurs prisonniers. Ayant habillé les Chrétiens en esclaves, ils les promenèrent cinq ou six fois dans la ville pour les faire voir ; ils les ramenèrent ensuite à leur vaisseau, où ils furent visités par ceux qui se présentaient pour les acheter. On les examinait, afin de s'assurer s'ils mangeaient bien ; on leur tâtait les côtes, on leur regardait les dents, on sondait leurs plaies, après quoi on les faisait marcher et courir, pour connaître s'ils étaient forts et robustes. En un mot, on les traitait comme des bêtes de charge.

Vincent fut acheté par un pêcheur ; mais celui-ci, voyant que son esclave ne pouvait supporter l'air de la mer, le revendit à un vieux médecin, grand chimiste et grand distillateur, qui cherchait depuis cinquante ans la pierre philosophale. Il traita Vincent avec beaucoup d'humanité ; il lui promit, s'il voulait changer de religion, de lui laisser tous ses biens, et ce qu'il estimait infiniment plus, de lui communiquer tous les secrets de sa prétendue science. Le Saint, qui craignait plus le danger que courait son âme que les rigueurs de l'esclavage, implora le secours du Ciel par l'intercession de la Bienheureuse Vierge, et il se crut toujours principalement redevable à la Mère de Dieu du bonheur qu'il avait eu d'échapper à la tentation. Une année environ se passa de la sorte. Le médecin étant mort, laissa pour héritier un neveu qui fut le troisième maître de Vincent. Celui-ci, plein de confiance en la bonté divine, jouissait dans la captivité d'une paix inaltérable. Il apprenait, en méditant souvent sur la Passion du Sauveur, à faire un bon usage de ses peines, et à acquérir, autant qu'il lui était possible, une parfaite ressemblance avec Jésus-Christ.

Peu de temps après, son nouveau maître le vendit à un Renégat, originaire de Nice, en

Savoie, qui l'envoya dans son *Témat* : c'est le nom que l'on donne au bien que l'on fait valoir comme fermier du Prince. Ce *Témat* était situé sur une montagne, dans un lieu extrêmement chaud et désert. Le Renégat avait trois femmes. Une d'entre elles, qui était Turque de naissance et de religion, allait souvent à la campagne où Vincent travaillait : elle lui faisait diverses questions sur la loi, les usages et les cérémonies religieuses des Chrétiens ; elle lui commandait quelquefois de chanter les louanges du Dieu qu'il adorait. Le Saint avait coutume de chanter le Psaume *Super flumina Babylonis*, le *Salve Regina*, et d'autres semblables prières de l'Église, ce qu'il faisait avec beaucoup d'onction, et toujours les larmes aux yeux. La femme mahométane fut extrêmement frappée de ce qu'elle avait appris du Christianisme, ainsi que de la conduite vertueuse de son esclave. Elle fit des reproches à son mari de ce qu'il avait abandonné une Religion qui paraissait si bonne, et l'amena au point qu'il sentit son crime, et rentra en lui-même. Malheureuse de n'avoir point elle-même ouvert les yeux à la lumière !

Le renégat, confus, ne put rien répondre à sa femme. Plein d'horreur pour son crime, il eut un entretien avec Vincent, et ils convinrent tous deux de se sauver. Ils montèrent sur une petite barque, sans penser que le moindre coup de vent pouvait les faire périr. Enfin, le 28 Juin 1607, ils abordèrent à Aigues-Mortes, d'où ils se rendirent à Avignon. Le renégat y fit abjuration entre les mains du Vice-Légat. L'année suivante, il accompagna le saint à

Rome, où il entra, pour faire pénitence, dans le couvent des *Fate-Ben-Fratelli*, qui servaient les malades dans les hôpitaux, suivant la règle de saint Jean-de-Dieu.

Vincent étant à Rome ressentit une grande consolation à la vue d'une ville où résidait le chef de l'église militante, qui avait été arrosée du sang de tant de martyrs, et dans l'enceinte de laquelle sont les tombeaux de saint Pierre et de saint Paul, ainsi que ceux d'une multitude innombrable d'autres saints. Il ne pouvait retenir ses larmes, quand il se rappelait le zèle, le courage, l'humilité, et les autres vertus qui avaient éclaté dans tous ces dignes disciples de Jésus-Christ. Souvent il visitait les lieux où reposaient leurs cendres sacrées, et demandait à Dieu la grâce de marcher fidèlement sur leurs traces.

Lorsqu'il eut satisfait sa dévotion à Rome, il partit pour la France. Arrivé à Paris, il se logea au faubourg Saint-Germain, dans le voisinage du lieu où est l'hôpital de la Charité, et il y allait souvent servir et consoler les malades. Quelque soin qu'il prit de cacher ses vertus, plusieurs personnes les découvrirent. On le fit connaître à la reine Marguerite, qui faisait alors profession de piété. Cette princesse voulut le voir ; elle le mit sur l'état de sa maison, et lui donna le titre de son aumônier ordinaire.

Il y avait à la cour de cette Princesse un docteur qui avait toujours montré beaucoup de zèle pour la Religion, et qui s'était rendu redoutable aux hérétiques et aux impies ; mais Dieu, soit pour l'éprouver, soit pour le punir de quelques fautes, permit qu'il fut attaqué de tentations violentes contre la Foi. Les moyens qu'il employa, ou qui lui furent suggérés pour dissiper le trouble qui l'agitait, ne produisirent aucun effet; ils ne servirent même qu'à augmenter encore la tentation. Ses peines devinrent telles, qu'il tomba dans le désespoir, et qu'on craignit plus d'une fois qu'il ne s'ôtât la vie. Enfin la nature succomba, et il fut attaqué d'une maladie dangereuse.

Vincent, touché de son état, sollicita en sa faveur la miséricorde divine; il s'offrit même au Seigneur en esprit de victime, et se chargea, pour dédommager sa justice, ou de subir une semblable épreuve, ou telle autre peine qu'il plairait à Dieu de lui infliger. Sa prière fut exaucée dans toute son étendue : le docteur recouvra le calme et fut entièrement délivré de la tentation; mais cette tentation resta à Vincent de Paul. Celui-ci eut recours, pour s'en délivrer, à la prière et aux pratiques de la mortification. En vain le démon redoublait ses efforts; il ne perdit point courage, et mettait toujours en Dieu sa confiance. Il écrivit sa profession de foi, et l'appliqua sur son cœur; puis, faisant un désaveu général de toutes les pensées d'infidélité, il convint, avec Notre-Seigneur, que toutes les fois qu'il toucherait l'endroit où était cette profession de foi, il serait censé la renouveler, et par conséquent renoncer à la tentation, quoiqu'il ne proférât aucune parole extérieure : par là il rendait inutiles les assauts de l'ennemi. Cependant il s'appliquait de plus en plus à mener cette vie de foi qui fait le caractère du juste. Quatre ans se passèrent de la sorte. Enfin, un jour que, fatigué de la violence de son mal, il s'occupait des moyens de l'arrêter pour toujours, il résolut de se consacrer au service des pauvres, pour suivre plus parfaitement l'exemple que nous a laissé le Fils de Dieu. A peine eut-il formé cette résolution, que toutes ses peines s'évanouirent ; la paix qu'il goûta depuis fut suivie des plus abondantes consolations ; il reçut même le don de guérir, dans la suite, ceux que Dieu éprouvait de la même manière.

Vincent demeurait dans la même maison qu'un juge du village de Sore, situé dans les Landes, et dans le district du Parlement de Bordeaux. Celui-ci étant sorti sans avoir pris les précautions nécessaires, trouva à son retour qu'on lui avait volé quatre cents écus. Il accusa Vincent du vol, et se mit à le décrier parmi toutes ses connaissances et tous ses amis. Le saint se contenta de nier le fait, et de dire tranquillement : *Dieu sait la vérité.* Pendant les six années que dura la calomnie, il ne dit rien autre chose pour sa défense, et il ne laissa jamais échapper la moindre plainte. Enfin, le voleur, qui était aussi des environs de Bordeaux, fut arrêté pour quelque nouveau crime. Déchiré par les remords de sa conscience, il envoya chercher le juge de Sore, lui déclara qu'il était le voleur de son argent, et que le serviteur de Dieu était innocent du crime dont on l'avait accusé. Vincent raconta plus tard cette histoire dans une Conférence qu'il faisait à ses prêtres ; mais il parla de lui en troisième personne, pour ne pas se faire honneur du mérite qui lui en était revenu devant Dieu. Le but qu'il se proposait était d'apprendre à ses prêtres que la patience, la résignation et un humble silence sont, en général, la meilleure apologie des personnes que poursuit la calomnie; que par là on trouve le moyen de se sanctifier dans de pareilles épreuves, et que la Providence sait tôt ou tard nous justifier aux yeux des hommes, lorsque cela est expédient pour notre salut.

Vincent fit connaissance avec M. de Bérulle, qui fut depuis Cardinal, et qui, dans le temps dont nous parlons, était occupé de l'établissement de la congrégation des Oratoriens en France. Les saints ont bientôt découvert les âmes où règne l'esprit de Dieu. M. de Bérulle conçut une grande estime pour Vincent, dès la première fois qu'il s'entretint avec lui. Il l'engagea à travailler au salut des âmes, et le détermina à accepter la cure de Clichy, village situé à une lieue de Paris. Le serviteur de Dieu s'appliqua de toutes ses forces à remplir les devoirs attachés à son ministère. Non seulement il instruisait son peuple, mais il cherchait encore les moyens de corriger et de prévenir même les abus. Il visitait les malades, soulageait les pauvres, consolait les affligés, réunissait les esprits divisés, entretenait la paix dans les familles. Pour exciter l'amour de la Religion, il fit divers établissements qui produisirent de grands fruits : il renouvela la face de sa paroisse, et y introduisit l'usage saint et fréquent des Sacrements. Ses paroissiens s'empressaient de seconder son zèle, parce qu'ils avaient en lui une confiance entière, et qu'ils le regardaient comme leur ange tutélaire.

Quelque temps après, on l'obligea de quitter

la cure de Clichy, pour le charger de l'éducation des enfants de Philippe-Emmanuel de Gondi, comte de Joigny, général des galères de France. Ce seigneur avait épousé Françoise-Marguerite de Silly, dame singulièrement recommandable pour sa piété. Elle fut si touchée des éminentes vertus de Vincent, qu'elle lui donna toute sa confiance, et le choisit même pour confesseur.

En 1616, Vincent accompagna la Comtesse de Joigny, au château de Folle-Ville, dans le diocèse d'Amiens. On vint un jour le prier de se rendre à Gannes, village éloigné de Folle-Ville d'environ deux lieues. C'était pour confesser un paysan dangereusement malade, et qui avait témoigné avoir beaucoup de confiance au saint prêtre. Vincent partit sans délai. Ayant examiné sérieusement l'état de l'âme du malade, il lui proposa de faire une confession générale de toute sa vie, ce que celui-ci accepta volontiers. Il s'aperçut bientôt que son pénitent ne s'était jamais confessé avec les dispositions nécessaires, et, conséquemment, que ses péchés ne lui avaient point été pardonnés. Le paysan, fondant en larmes, s'accusa de tous ses crimes, et en reçut l'absolution. La joie qu'il ressentit ensuite fut extraordinaire : il se félicitait d'avoir eu le bonheur de parler à Vincent; il disait à haute voix qu'il eût été perdu sans cela : il répéta cette déclaration publique en présence de plusieurs personnes, et notamment de la comtesse de Joigny.

Cette vertueuse dame, saisie de frayeur, était comme hors d'elle-même quand elle pensait au danger que couraient tant de pauvres âmes, faute de secours ou d'instruction. Elle craignait que plusieurs de ses vassaux ne fussent dans le même cas que le paysan. Elle était bien éloignée de penser comme ceux qui ne se croient point obligés à veiller sur les personnes attachées à leur service. La nature et la religion lui avaient appris que les supérieurs ont des devoirs de justice et de charité à l'égard de tous leurs inférieurs, et que la première de leurs obligations est de pourvoir, autant qu'il leur est possible, au salut de tous ceux qui leur sont soumis. Elle pria donc Vincent de prêcher dans l'église de Folle-Ville, le jour de la fête de la Conversion de saint Paul, afin d'instruire le peuple sur les caractères de la vraie pénitence, et sur les dispositions avec lesquelles on doit se confesser pour obtenir le pardon de ses péchés.

Le saint fit ce que la comtesse avait exigé de lui. Son discours produisit les plus grands fruits. Il ne pouvait suffire au nombre de ceux qui demandaient à tranquilliser leur conscience par une confession générale. Il appela à son secours deux prêtres zélés de la ville d'Amiens.

Le jour de la fête de la Conversion de saint Paul fut pour lui un jour mémorable. Tout le reste de sa vie, il en célébra chaque année la mémoire avec les sentiments d'une vive reconnaissance; et, à son imitation, les prêtres de la mission rendent à pareil jour d'humbles actions de grâces au Seigneur, de ce que c'est à cette époque que leur congrégation a été en quelque sorte conçue.

La même année, Vincent sortit de la maison de Gondi, et sa retraite eut pour objet le désir de procurer la plus grande gloire de Dieu. Il avait consulté auparavant M. de Bérulle, et il ne s'était déterminé que d'après son avis. Il fut envoyé en Bresse, où régnait une ignorance grossière des premières vérités du Christianisme, et on le chargea de faire les fonctions de curé à Châtillon-lès-Dombes. Il s'associa un vertueux prêtre nommé Louis Girard : ils logèrent l'un et l'autre chez un calviniste, qui, malgré les préjugés de sa secte, les traita avec distinction.

Le Ciel bénit les travaux apostoliques du saint missionnaire. Un grand nombre de personnes, et le comte de Rougemont entr'autres, embrassèrent avec ferveur les mortifications de la pénitence. Plusieurs hérétiques entrèrent aussi dans le sein de l'Église, et de ce nombre fut celui chez lequel le saint avait logé, et qui se nommait Beynier : en un mot, tout le pays changea de face en fort peu de temps.

La comtesse de Joigny apprit avec une joie singulière les succès des travaux de Vincent. Elle lui donna depuis une somme d'argent, afin qu'il fondât une *mission* perpétuelle pour l'instruction du petit peuple, lui laissant le choix du lieu et de la manière d'exécuter cette bonne œuvre ; mais elle souffrait beaucoup de son absence, parce qu'elle n'était plus à portée de le consulter sur son intérieur. Elle fit plusieurs tentatives pour l'engager à rentrer dans sa maison, et pour y réussir plus sûrement, elle mit dans ses intérêts M. de Bérulle ; elle obtint même qu'il dirigerait sa conscience tant qu'elle vivrait, et qu'il l'assisterait à l'heure de la mort. Cependant, comme elle désirait ar-

demment contribuer à la sanctification des autres, de ceux surtout sur lesquels il était de
son devoir de veiller plus spécialement, elle
résolut, de concert avec son mari, d'établir
une compagnie de missionnaires qui s'emploie-
raient à l'instruction de leurs fermiers et de
leurs vassaux. Ce projet fut proposé à Jean-
François de Gondi, frère du comte, et premier
archevêque de Paris. Le prélat l'accepta, en
vue de l'utilité qui en reviendrait à l'Église, et
donna le collège des Bons-Enfants pour loger
la nouvelle Communauté. Ce fut au mois d'A-
vril de l'année 1425 que Vincent prit possession
de cette maison. Le comte et la comtesse de
Joigny assignèrent une somme pour commen-
cer l'établissement.

Immédiatement après son retour dans la
maison de Gondi, Vincent entreprit de faire la
visite des galériens détenus dans les différentes prisons de Paris. Sensiblement affligé de
l'abandon général où ils étaient réduits, il
forma le projet de les réunir dans une même
maison, et il vint à bout de l'exécuter par les
libéralités de plusieurs personnes pieuses qu'il
avait intéressées à cette bonne œuvre. Ayant
ainsi pourvu aux besoins corporels de ces malheureux, il les rendit plus disposés à recevoir
les intructions qu'il leur donna, ou par lui-
même ou par ses prêtres. M. de Gondi, surpris
et édifié du bel ordre qui régnait parmi les
galériens, résolut de l'introduire dans toutes
les galères du royaume. Il en parla au roi, auquel il fit connaître le zèle et la capacité de
Vincent de Paul ; il lui représenta que si la Cour
voulait l'autoriser, il ne manquerait pas de faire

ailleurs le même bien qu'il avait fait déjà à Paris.
Louis XIII trouva cette proposition très-juste ,
et , par un brevet expédié le 8 Février 1619, il
établit Vincent aumônier-réal ou général de
toutes les galères de France.

Trois ans après, Vincent fit un voyage à Marseille : il se proposait de visiter les forçats de
cette ville , et d'examiner s'il pourrait faire
pour eux ce qu'il avait fait dans la capitale. Il
ne voulut point se faire connaître , pour mieux
s'assurer du véritable état des choses. Il fut
extrêmement touché à la vue du désespoir d'un
des forçats, et il fit d'inutiles efforts pour le
consoler. On assure que par un héroïsme inouï
de charité, il obtint de prendre sa place, qu'il
fut chargé des mêmes chaînes, et qu'il les porta
quelque temps. Au reste , il fit tout ce qui
dépendait de lui pour adoucir le sort de tous
ces malheureux, en les recommandant aux officiers, en les exhortant à la patience ; et en tâ-
chant de leur inspirer des sentiments de vertu,
il vint à bout de les rendre plus dociles aux
instructions des aumôniers ordinaires. Mais il
fut surtout affligé du triste état de ceux qui
étaient malades ; ils languissaient dans un abandon général, livrés à toutes les horreurs de la
misère, et privés presque de tout secours pour
l'âme et pour le corps. Il forma dès-lors le
projet d'un hôpital pour les galériens de Marseille ; mais il ne put l'exécuter que quelques
années après. Louis XIV le dota, en 1648, en
lui assignant douze mille livres de revenu an-
nuel. Cet hôpital devint bientôt un des plus
commodes du royaume : il y a trois cents lits,

les malades y trouvent tous les secours qui ur sont nécessaires.

Mme de Gondi étant morte le 23 Juin 1625, Vincent alla demeurer avec ses prêtres. Louis XIII autorisa la nouvelle association par ses lettres-patentes données en 1627, et Urbain VIII l'érigea en congrégation par une bulle du 12 Janvier 1632. Ce ne fut qu'en 1658 que le saint instituteur donna des constitutions à ses disciples, qui prirent le nom de Prêtres de la Mission; on les connait aussi sous le nom de *Lazariste*, du prieuré de Saint-Lazare, que les chanoines réguliers de Saint-Victor leur cédèrent en 1633. Ceux qui composent cette congrégation ne sont point religieux; ce sont des prêtres séculiers, qui, après deux ans de probation ou de noviciat, font les quatre vœux simples de pauvreté, de chasteté, d'obéissance et de stabilité. Ils s'engagent : 1º à se sanctifier eux-mêmes par les exercices qui leur sont prescrits par leur institut; 2º à travailler à la conversion des pécheurs; 3º à former les jeunes ecclésiastiques aux fonctions du ministère. Les exercices que leur prescrit leur règle pour leur propre sanctification, sont de faire, tous les matins, une heure de méditation, de s'examiner trois fois par jour, d'assister chaque semaine à des conférences spirituelles, de passer tous les ans huit jours en retraite, et de garder le silence, excepté dans les heures où l'on peut s'entretenir ensemble. Ils remplissent leur second engagement, en s'employant aux missions de la campagne. Chaque jour, ils font le catéchisme et des discours familliers; ils entendent les confessions, terminent les différents, et pratiquent toutes les œuvres de charité. Pour satisfaire à la troisième obligation qu'ils se sont imposée, plusieurs d'entre eux tiennent des séminaires, font des retraites de huit à dix jours, où ils admettent les ecclésiastiques, et même d'autres personnes; ils suivent en ces exercices les règles pleines de sagesse qui leur ont été laissées par saint Vincent de Paul. Le pape Alexandre VII était tellement convaincu de la grande utilité de ces retraites, qu'il ordonna en 1662, sous peine de suspense, à tous ceux qui voudraient recevoir les ordres sacrés à Rome ou dans les six évêchés suffragants, d'en faire une de dix jours chez les Prêtres de la Mission. L'avantage que l'Église retirait du nouvel institut lui donna des accroissements considérables, et il comptait, à la mort du saint, vingt-cinq maisons, tant en France qu'en Piémont, en Pologne, et en d'autres pays.

L'établissement des Prêtres de la Mission ne fut point encore capable de satisfaire le zèle de Vincent de Paul. Cet homme apostolique cherchait chaque jour de nouveaux moyens de procurer au prochain tous les secours spirituels et corporels. Il établit la confrérie *de la Charité*, pour le soulagement des pauvres malades de chaque paroisse. Cette association, qui prit naissance dans la Bresse, s'étendit dans tous les lieux où le saint fit depuis des *missions*. La confrérie des *Dames-de-la-Croix* avait pour objet l'éducation des jeunes filles. Celle qu'on appelait *des Dames* se consacrait au service des malades dans les grands hôpitaux, comme celui de l'Hôtel-Dieu, de Paris. Cette capitale surtout n'oubliera jamais ce qu'elle doit à Vincent de Paul. Ce fut lui qui procura et dirigea la fondation des hôpitaux de la Pitié, de Bicêtre, de la Salpétrière, et des Enfants-Trouvés.

Ce dernier établissement intéresse trop l'humanité et la religion, pour que nous n'en parlions pas avec une certaine étendue. Un grand nombre d'enfants nés du libertinage ou dans le sein de la misère, étaient souvent exposés aux portes des églises ou dans les places publiques. Si les officiers de police les enlevaient, c'était presque l'unique bien qu'ils leur fissent. Une veuve et deux servantes furent d'abord chargées du soin de les nourrir, mais on manqua bientôt de secours. Il périssait tous les jours une multitude de ces malheureux enfants; ou ils n'avaient point de nourrice, ou on les faisait allaiter par des femmes gâtées. Quelquefois, pour s'en débarrasser, on les vendait ou on les donnait à quiconque voulait les prendre. Vincent, vivement touché de leur sort, chercha le moyen de remédier à un si grand mal; il pria quelques dames de son assemblée de charité, d'aller les visiter. Le spectacle qui s'offrit à leurs yeux les effraya. Comme elles ne pouvaient se charger de ce grand nombre d'enfants elles voulurent au moins prendre soin de quelques uns. On en augmentait le nombre à mesure que les ressources se multipliaient. Enfin Vincent tint une assemblée de toutes les dames qui s'occupaient de la bonne œuvre, au commencement de l'année 1640. Il y exposa d'une manière si touchante le besoin de ces pauvres enfants, qu'il fut unanimement décidé qu'on se chargerait de tous, mais seulement par manière d'essai. On n'avait d'autres fonds que les

aumônes des personnes charitables, et il s'en
fallait de beaucoup qu'elles fussent suffisantes.
Le Serviteur de Dieu ne se décourageait point
espérant toujours que la Providence viendrait
à son secours. Les sollicitations auprès d'Anne
d'Autriche lui obtinrent du Roi douze mille
livres de rente, ce qui soutint l'établissement
pendant quelque temps : mais le nombre des
enfants croissant tous les jours, et leur entretien allant au-delà de quarante mille livres, les
Dames de Charité perdirent courage, et décla-
rèrent qu'une pareille dépense était au-dessus
de leurs forces. Vincent toujours plein de confiance en Dieu, indiqua une assemblée générale en 1648. On y délibéra si l'on continuerait
la bonne œuvre qu'on avait commencée. Le
saint, après avoir pesé les raisons de l'un et
l'autre parti, sentit tellement ses entrailles
émues qu'il ne s'exprimait plus que par des
soupirs; prenant ensuite un ton plus tendre et
plus animé, il conclut la délibération en ces
termes : « Or sus, Mesdames, la compassion
» et la charité vous ont fait adopter ces peti-
» tes créatures pour vos enfants; vous avez
» été leurs mères selon la grâce, depuis que
» leurs mères selon la nature les ont abandon-
» nés ; voyez maintenant si vous voulez aussi
» les abandonner. Cessez d'être leurs mères,
» pour devenir à présent leurs juges : leur vie
» et leur mort sont entre vos mains ; je m'en
« vais prendre les voix et les suffrages; il est
» temps de prononcer leur arrêt, et de savoir si
» vous ne voudrez plus avoir de miséricorde
» pour eux. Ils vivront, si vous continuez d'en
» prendre un charitable soin, et au contraire,

» ils mourront et périront infailliblement , si
» vous les abandonnez; l'expérience ne vous
» permet pas d'en douter. » L'assemblée ne
répondit que par des larmes. Il fut décidé que
l'on continuerait la bonne œuvre, et il ne fut
plus question que d'aviser aux moyens d'exécuter
cette résolution. On obtint du Roi les bâtiments
de Bicêtre pour y loger ceux des enfants qui
n'avaient plus besoin de nourrices; mais comme
l'air y était trop vif, on les transporta dans le
faubourg de Saint-Lazare à Paris, et on confia
le soin de leur éducation à douze filles de la
Charité. On leur acheta dans la suite deux
maisons, l'une dans le faubourg Saint-Antoine
et l'autre près de la Cathédrale. Nos rois ont
successivement augmenté leurs revenus, et
leur nombre monte aujourd'hui à plus de dix
mille.

Outre les hôpitaux dont nous avons parlé,
Vincent fonda encore dans le faubourg de
Saint-Laurent, à Paris, celui du nom de Jésus,
pour quarante pauvres vieillards, et celui de
Sainte-Reine, en Bourgogne, au diocèse d'Au-
tun, pour les Pélerins pauvres et malades que
la dévotion attire au tombeau de cette illustre
martyre. Ce dernier est devenu fort célèbre;
on y reçoit tous les ans trois à quatre cents malades, et plus de vingt mille pauvres passants
de tout âge, de tout sexe et de toute nation.
Le Saint donna de sages règlements à ces différentes maisons, et leur fit trouver des fonds
suffisants pour toutes les dépenses nécessaires.

Pour procurer des secours encore plus efficaces aux pauvres malades, Vincent, de concert
avec Mlle Legras, forma le dessein de choisir

un certain nombre de filles auxquelles on apprendrait à servir les malades, et que l'on formerait aux exercices de la vie spirituelle. Les premières que l'on trouva entrèrent chez Mlle Legras, qui se chargea de les loger et de les entretenir, et qui travailla de toutes ses forces à les rendre capables de ce qu'on attendait d'elles. Leur modestie, leur douceur, leur zèle à remplir leurs devoirs, et la sainteté de leur vie, charmèrent tous ceux qui eurent occasion de les voir. Leur nombre s'augmenta insensiblement, et devint bientôt considérable. Tels furent les commencements de cette compagnie connue sous le nom de *Filles-de-la-Charité*, qui a aujourd'hui plus de trente maisons dans la seule ville de Paris. Ces filles ne rendent pas seulement service dans les paroisses, elles prennent encore soin de l'éducation des Enfants-trouvés, de l'instruction des jeunes filles, qui sans cela en seraient privées, des malades d'un grand nombre d'hôpitaux, et même des criminels condamnés aux galères. Mais comme ces diverses occupations font en quelque sorte plusieurs communautés d'une seule compagnie, le saint Prêtre leur prescrivit des règles, et générales et particulières, pour diriger et soutenir le Corps tout entier, ainsi que les différentes parties qui le composent.

En destinant une partie de ses prêtres à tenir les séminaires, il les mit en état de se bien acquitter de cette importante fonction. Il traça le plan des exercices auxquels on devait appliquer ceux qui se préparaient à la réception des Ordres sacrés; il en assigna aussi pour ceux qui voulaient faire des confessions générales, ainsi que pour ceux qui avaient un état de vie à choisir. A ces établissements, il joignit celui des Conférences ecclésiastiques, où l'on traitait des devoirs de la vie cléricale. Elles furent fréquentées par tout ce qu'il y avait de plus respectable dans le clergé.

On est étonné de voir faire de si grandes choses à un homme qui n'avait rien de recommandable du côté de la fortune ou de la naissance, et qui était dépourvu de ces qualités brillantes qui attirent l'estime et l'admiration du monde; mais on le sera bien plus, si l'on entre dans le détail de ses actions merveilleuses, et des services innombrables qu'il rendit au prochain. Durant les guerres qui ravagèrent la Lorraine, il entreprit de soulager les malheureux de ce pays qui était réduit à l'état le plus déplorable. Il y fit passer les aumônes qu'il avait ramassées à Paris, et qui, au rapport d'Abelly, montèrent à cinq ou six cent mille livres. M. Collet prouve, par des autorités incontestables, que les sommes envoyées par le saint allèrent infiniment plus haut, et montèrent jusqu'à deux millions. Il y eut beaucoup d'autres circonstances où le serviteur de Dieu tira de la charité des fidèles des secours extraordinaires pour ceux qui étaient dans la misère.

Au reste, la surprise diminuera, si l'on se rappelle qu'il jouissait par toute la France de la plus grande vénération. On le regardait, même à la Cour, comme un ange envoyé du Ciel. Il assista Louis XIII à la mort, et le disposa, par ses exhortations, à finir sa vie dans les plus parfaits sentiments de la piété. La reine-régente, Anne d'Autriche, l'estimait et le respectait singulièrement ; elle le nomma membre du Conseil de conscience, et se fit un devoir de le consulter sur toutes les affaires ecclésiastiques, principalement sur la collation des bénéfices, qui ne furent plus donnés qu'au mérite et à la vertu.

Au milieu de tant d'occupations, Vincent avait toujours son âme intimement unie à Dieu. Dans les affaires les plus capables de lui causer des distractions, il avait toujours, pour ainsi dire, un œil ouvert sur le Seigneur, afin de ne cesser jamais de converser avec lui. De temps en temps, il élevait son cœur vers le Ciel, et produisait quelque acte de religion. S'il lui arrivait d'éprouver des contradictions, il ne perdait rien de sa sérénité ; son âme, toujours égale, était inaccessible au moindre trouble. Il considérait tous les évènements de la vie dans les desseins de la Providence, se soumettant avec résignation à la volonté du Ciel, et ne désirant rien autre chose en tout, que la gloire de Dieu. Que le Seigneur fut glorifié par ses souffrances personnelles, ou par d'autres moyens qu'il daignait choisir, il s'en réjouissait également. Il était cependant bien éloigné de l'insensibilité prétendue des Stoïciens, et de l'indifférence impie des faux mystiques ; il savait que la vraie piété est tendre et sensible aux intérêts de la religion et de la charité. Il regardait les afflictions d'autrui comme les siennes propres. Sans cesse il soupirait avec saint Paul, après cet heureux état où l'on est inséparablement uni à Dieu, et versait des larmes de componction, tant sur ses misères spirituelles que sur celles du prochain. L'espérance, semblable à une ancre, le tenait attaché à Dieu : de là, cette disposition qui le rendait supérieur à la malignité des créatures et au mépris du monde. Il n'y avait point de tempête qui put altérer le calme de son âme. Maître de ses passions, rien n'était capable de déconcerter sa douceur et sa patience. Les humiliations étaient pour lui un sujet de joie, parce qu'il y trouvait un trésor caché de grâces, et une occasion de se vaincre lui-même. Ces sortes de victoires coûtent plus que les actes extérieurs des vertus d'éclat. Ce fut par la pratique de la mortification et de l'humilité, jointe à l'exercice de la prière, que Vincent parvint à ce degré de perfection; aussi recommandait-il fortement les mêmes vertus à ses disciples.

Il voulut surtout que l'humilité fut la base de sa congrégation, et il ne cessait d'en donner des leçons à ses prêtres; il les exhortait même à cacher leurs talents naturels. Deux hommes d'un mérite reconnu s'étant présentés à lui pour augmenter le nombre de ses disciples, il les refusa, en leur disant : » Vous avez » trop de savoir pour un état tel que le nôtre. » Vous pourrez faire ailleurs un bon usage de » vos talents. Quant à nous, toute notre ambi-» tion consiste à instruire les hommes, à ins-» pirer aux pécheurs des sentiments de péni-» tence, et à établir tous les Chrétiens dans » cet esprit de charité, d'humilité, de douceur » et de simplicité que prescrit l'Évangile. » C'était une de ses maximes en fait d'humilité, que nous ne devons jamais, autant qu'il est possible, parler de nous, ni de ce qui nous concerne, ces sortes de discours venant comunément d'un fonds d'amour-propre, et se terminant d'ordinaire à nourrir dans nos cœurs des sentiments d'orgueil. Les philosophes païens eux-mêmes adoptaient cette maxime, mais avec cette différence, qu'ils n'enseignaient pas comme les disciples de Jésus-Christ, à aimer une vie cachée, à se mépriser soi-même, à se concentrer, pour ainsi dire, dans l'abîme de son néant.

La foi de Vincent de Paul fut toujours très-pure. Il n'eut pas plutôt été instruit que Jean du Verger de Haurane, abbé de Saint-Cyran, avec lequel il était lié, enseignait une doctrine contraire à celle de l'Église, qu'il rompit entièrement avec lui. Il se déclara fortement contre la doctrine de Jansénius, et combattit avec zèle son système sur la grâce. Mais en même temps qu'il attaquait des erreurs dont les suites étaient si préjudiciables, et qu'il rejetait un rigorisme désespérant, il condamnait aussi la morale relâchée qui ouvre la porte à tous les désordres. Il recommandait aux pécheurs, d'entrer dans les sentiments d'une sincère pénitence, et leur en traçait les caractères d'après les maximes de l'Écriture et des Saints-Pères. « Sans cela, disait-il avec St Ambroise, il » n'y a que de faux pénitents, leur hypocrisie » sacrilége ne sert qu'à les rendre plus criminels » par l'abus qu'ils font des Sacrements. »

Toutes les personnes de la France qui faisaient profession de piété, avaient des relations avec lui; plusieurs même voulaient se procurer la consolation de le voir. De ce nombre fut

M. de Quériolet. C'était un homme qui avait d'abord vécu dans un libertinage affreux et qui avait même affecté de ne suivre aucune religion ; mais s'étant converti depuis, il expia les désordres de sa vie passée par une pénitence qui fait frémir la nature, et telle que l'on ne trouve presque rien de semblable dans l'antiquité.

Saint François de Sales ayant eu occasion de connaître Vincent de Paul, s'était bientôt aperçu qu'il possédait les plus sublimes vertus, et qu'il avait tous les talents nécessaires pour conduire les âmes à la perfection. Il s'était donc déterminé à le faire premier Supérieur des Religieuses *de la Visitation* qu'il venait d'établir à Paris. Ce choix fut justifié par les bénédictions sans nombre qui accompagnèrent le ministère du vertueux prêtre. Il rendit au nouvel ordre les plus importants services, et se montra toujours digne de la confiance qu'avait eue en lui le saint évêque de Genève.

Il fut aussi fait supérieur de plusieurs autres communautés religieuses, entr'autres celle des *Filles-de-la-Providence*. Celle-ci avait été établie, en 1643, par Mme de Pollalion. Cette pieuse femme, formée par Vincent de Paul, voulut procurer un asile aux jeunes personnes de son sexe, que l'indigence, l'abandon ou la mauvaise conduite de leurs parents exposent souvent au danger de perdre leur honneur et leur âme. Vincent, par l'ordre de François de Gondi, archevêque de Paris, examina celles qui se présentaient pour concourir à la formation de la Société naissante. Il en choisit sept, qui lui parurent les plus propres à servir de fondement à tout l'édifice, et il leur donna des avis dignes de sa haute sagesse et de sa grande expérience. Après la mort de Mme de Pollalion, il se déclara le protecteur de ces pieuses filles ; il trouva le moyen de les faire subsister, et de rendre leur établissement perpétuel. Les *Filles-de-la-Providence* font, après deux ans de noviciat, des vœux simples de chasteté, d'obéissance, de stabilité, et s'engagent à servir le prochain selon leurs constitutions. Leur Supérieure est triennale.

En 1658, le saint convoqua, à Saint-Lazare, l'assemblée des membres de sa Congrégation. Il remit à chacun le Recueil des régles qu'il avait dressées, après quoi il les exhorta tous, de la manière la plus pathétique, à les observer avec une parfaite exactitude. Elles sont pleines de sagesse et de piété ; on y trouve des moyens sûrs et efficaces pour arriver à la perfection chrétienne et sacerdotale, pour se prémunir contre la corruption du siècle, et pour travailler avec fruit à la sanctification des peuples. L'institut de Vincent de Paul fut de nouveau approuvé et confirmé par les papes Alexandre VIII et Clément X.

Cependant, la santé du saint dépérissait de jour en jour. Quoiqu'il fut d'un tempérament assez robuste, les fatigues occasionnées par son zèle et par les austérités de la pénitence, le firent à la fin succomber. Il fut pris, à l'âge de quatre-vingts ans, d'une fièvre dont les accès étaient périodiques. Il éprouvait toutes les nuits des sueurs qui achevaient de l'épuiser. On doit juger de là que le temps destiné au sommeil n'était point pour lui un temps de repos. Cela ne l'empêchait pas de se lever régulièrement à quatre heures du matin, de dire la messe, et de donner chaque jour un temps considérable à l'oraison. Il ne diminuait rien non plus de ses autres exercices de piété, ni de la pratique de ses œuvres ordinaires de charité. Plus il sentait approcher son dernier moment, plus il redoublait de zèle pour l'instruction de ses enfants spirituels. La pensée de la mort l'occupait continuellement ; tous les jours, après avoir dit la messe, il récitait les prières de l'Église pour les agonisants, avec les recommandations de l'âme et les autres actes par lesquels on prépare les fidèles à aller paraître devant Dieu. Le pape Alexandre VII, ayant été informé de l'extrême faiblesse où il était réduit, le dispensa de la récitation du Bréviaire ; mais le serviteur de Dieu ne vivait plus lorsque le bref de dispense arriva.

Vincent de Paul mourut le 27 Septembre 1660, après avoir reçu les derniers Sacrements. On l'enterra dans l'église de Saint-Lazare, et il y eut un concours de monde prodigieux à ses funérailles. Le prince de Conti, le nonce du Pape, plusieurs évêques, et un grand nombre de personnes de la première qualité, y assistèrent. Il s'opéra, par l'intercession de Vincent, divers miracles dont la vérité fut juridiquement reconnue.

En 1712, le cardinal de Noailles visita, en présence de plusieurs témoins, le corps du saint, qui fut trouvé entier et sans aucune marque de corruption. Le tombeau fut ensuite refermé. On sait que cette cérémonie précède ordinairement celle de la béatification, quoiqu'après tout, l'incorruptibilité du corps ne soit point regardée elle-même comme une preuve authentique de sainteté. Enfin, la vie, les vertus héroïques et les miracles du serviteur de Dieu ayant été rigoureusement examinés à Rome, il fut béatifié, en 1729, par Benoît XIII.

Après la publication du bref, l'archevêque de Paris fit rouvrir le tombeau du bienheureux Vincent, la Maréchale de Noailles, le Maréchal son fils, et plusieurs autres personnes distinguées, assistèrent à l'ouverture ; mais le corps ne se trouva plus dans le même état qu'auparavant ; un des os de la jambe était entièrement décharné ; ceux de la tête l'étaient beaucoup moins. On attribua cette altération à un déluge d'eau qui, quelques années auparavant, avait inondé la cour, le corridor d'entrée, et l'église où reposait le saint Prêtre.

Dieu continua de manifester la gloire de son serviteur par les miracles qu'il accordait à son intercession. L'un fut opéré sur une Religieuse Bénédictine de Montmirel, qu'une horrible complication de maladies devait naturellement conduire au tombeau. Lorsque l'état de cette religieuse paraissait entièrement désespéré, Mr Languet, évêque de Soissons, lui appliqua une relique de Saint Vincent, et elle fut parfaitement guérie. François Richer, parisien, recouvra la santé d'une manière qui ne tenait pas moins du prodige. Une troisième guérison miraculeuse, par laquelle nous finirons ce détail, s'opéra sur une anglaise paralytique, nommée Louise-Élizabeth Sackville, et fut la suite d'une neuvaine faite au Saint. La vérité de ce miracle fut attestée par Mme Hayre, protestante, chez laquelle demeurait Mlle Sackville. Celle-ci entra depuis chez les religieuses du Saint-Sacrement à Paris, où elle mourut en 1742, cinq ans après la canonisation de saint Vincent de Paul par le Pape Clément XII.

Ce Saint ne pouvait travailler plus utilement pour le service du prochain, qu'en réveillant les Chrétiens de cette léthargie où la plupart étaient plongés. Il leur représentait vivement l'indignité de leur conduite, et leur montrait, comme un autre Jean-Baptiste, l'obligation où ils étaient de faire de dignes fruits de pénitence. En effet, on ne peut avoir part aux faveurs célestes quand on est comme indécis entre la vertu et le vice, quand on suit tantôt l'une et tantôt l'autre, que l'on est en un mot tour-à-tour païen et chrétien. Mais que penser de ceux qui vivent habituellement dans le crime, et qui ne craignent point le danger de leur état? Faut-il que l'on voie si souvent les passions produire dans les hommes l'extravagance, l'aveuglement, et même l'incrédulité? A quels excès ne se portent point, je ne dis pas seulement les hommes ordinaires, mais même les plus beaux génies, lorsqu'ils sont abandonnés de Dieu, ou plutôt lorsqu'ils ont abandonné Dieu, et fermé les yeux à cette lumière qui éclaire tous ceux qui viennent au monde! Pour peu que nous aimions Dieu et le prochain, pourrons-nous refuser nos larmes et nos prières aux pécheurs plongés dans l'aveuglement funeste dont il est ici question?

(Tiré des deux vies de ce saint, l'une de Mgr Abelly, év. de Rhodez, et l'autre de M. Collet, cont^r. de Tournely.)

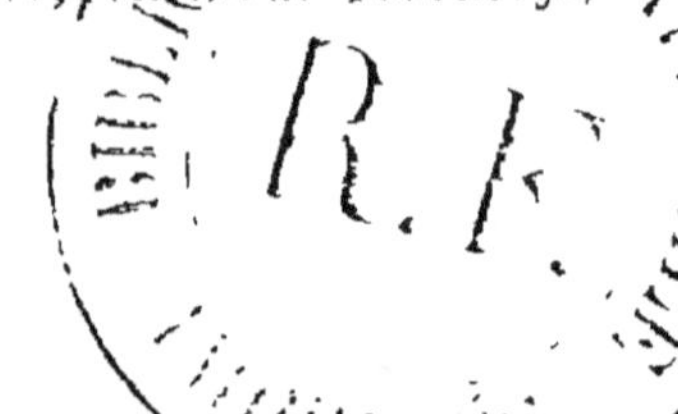

SOUS PRESSE

POUR PARAÎTRE INCESSAMMENT :

Saint Henri, Empereur.

Saint Louis, Roi de France.

Saint Ignace-de-Loyola, Fondateur de la *Compagnie de Jésus*.

Saint François-Xavier, Apôtre des Indes.

Saint Éloi, Évêque de Noyon.

Saint Roch.

Saint Pie V, Pape.